Céline Bailleux

Dis-moi que tu es PARENT sans me dire que tu es PARENT

MANGO
éditions

Dépôt légal : septembre 2024
www.mangoeditions.com
Retrouvez-nous sur Instagram
@mangoeditions

Bienvenue dans le monde enchanté de la vie de parents!

Entre les vomitos des plus petits, les desiderata des plus grands, les corvées de la maison, le stress de les voir bien grandir et de leur donner le meilleur, une chose est sûre : être parent, c'est tout sauf simple.

Alors mieux vaut en rire!

Pour bien commencer, on vous propose quelques définitions du mot parent :

1. Être humain fatigué au grand cœur, qui tente d'élever du mieux qu'il peut un ou plusieurs autres humains non reconnaissants.

2. Bénévole multitâche et surexploité par une machine à bêtises déguisée en ange.

3. Individu qui gère un ou des gloutons difficiles et adeptes du tri sélectif dans leur assiette.

Et si vous avez des doutes, faites le test !

TEST : ÊTES-VOUS UN VRAI PARENT ?

Cochez les cases qui vous correspondent. Vous avez plus de cinq cases cochées ? Félicitations, vous êtes un vrai parent !

☐ Tu angoisses pour tout, tout le temps. 9

☐ Ta vie n'est définitivement plus la même qu'avant. 10

☐ On te donne sans cesse des conseils (dont tu te passerais bien). 11

☐ Tu as certains privilèges. 12

☐ Tes ami(e)s s'interrogent sur tes choix de vie. 13

☐ Ta fierté est sans limite. 14

☐ Tu comptes désormais en mois. 15

☐ Tes nuits ne sont plus les mêmes... 16

☐ ... tes repas non plus. 17

☐ Ta playlist a changé. 18

☐ Tu as des conversations qui font rêver. 19

☐ Ton salon ressemble à un magasin de jouets. 20

☐ Tu as de nouveaux ami(e)s, mais tu ne connais pas leur prénom. 21

☐ Tu te sens parfois au bout du rouleau... 22

☐ ... et l'entraide est relative. 23

☐ Personne ne peut s'occuper de ton enfant aussi bien que toi... 24

☐ ... sauf un lendemain de soirée. 25

☐ Tu profites à fond de tes (rares) soirées entre ami(e)s. 26

☐ Tu passes ton temps à parler de tes enfants (alors que tout le monde s'en fout). 27

☐ Tu participes à de nouvelles activités. 28
☐ Il t'arrive de mentir pour abréger tes souffrances. 29
☐ Tu dois changer tes expressions. 30
☐ Tu cours tout le temps. 31
☐ Tes priorités ne sont plus les mêmes. 32
☐ Tu as changé de style. 33
☐ Tu as peur de tomber dans les stéréotypes de genre. 34
☐ Tu éduques tes enfants après MeToo. 35
☐ Tu as peur de faire les mauvais choix. 36
☐ Tu sais ce qu'est une hypoténuse. 37
☐ Tu répètes toujours la même chose. 38
☐ Tu entends toujours la même chose. 39
☐ On compare tes enfants... 40
☐ ... alors que l'égalité est de mise ! 41
☐ Tu es un(e) gros(se) mytho. 42
☐ Tu te sens parfois un peu dépassé(e). 43
☐ Parfois, tes enfants te brisent le cœur. 44
☐ Tu dois souvent changer tes plans. 45
☐ Tu maîtrises la punition. 46
☐ Tu n'es pas toujours crédible. 47
☐ Tu te retrouves dans des situations pour le moins insolites. 48
☐ Tu ne vois pas le temps passer. 49
☐ Tes décisions n'ont parfois aucun sens. 50
☐ Tes enfants te donnent des conseils. 51
☐ Tes enfants ne te racontent plus grand-chose. 52

☐ Tu fais des promesses vaines. 53

☐ Tu es toujours inquiet(e). 54

☐ Tu as toujours peur d'oublier un truc. 55

☐ Tu ne maîtrises plus ton emploi du temps. 56

☐ Tu imposes tes limites (tout en restant cool). 57

☐ Tu ne peux pas te passer de tes parents... 58

☐ ... même s'ils n'écoutent jamais tes consignes. 59

☐ Tu adores tes enfants... 60

☐ ... mais tu n'en veux pas un de plus. 61

☐ Tu sais que tes enfants finiront par partir... 62

☐ ... et par revenir. 63

TU ANGOISSES POUR TOUT,
TOUT LE TEMPS.

OUIN
OUIN
!!!
WAF
WAF

TA VIE N'EST DÉFINITIVEMENT
PLUS LA MÊME QU'AVANT.

C'est pas comme ça qu'on fait !

ON TE DONNE SANS CESSE DES CONSEILS
(DONT TU TE PASSERAIS BIEN).

Passez devant madame !
C'est pour quand ?
Pour il y a
3 mois !

TU AS CERTAINS PRIVILÈGES.

On est si heureux !!
Ça suffit Léon ! Reviens ici TOUT DE SUITE !!!
BLURP
?!?!
AAAH NON !!
LAIT
FES PROPRES

TES AMI(E)S S'INTERROGENT
SUR TES CHOIX DE VIE.

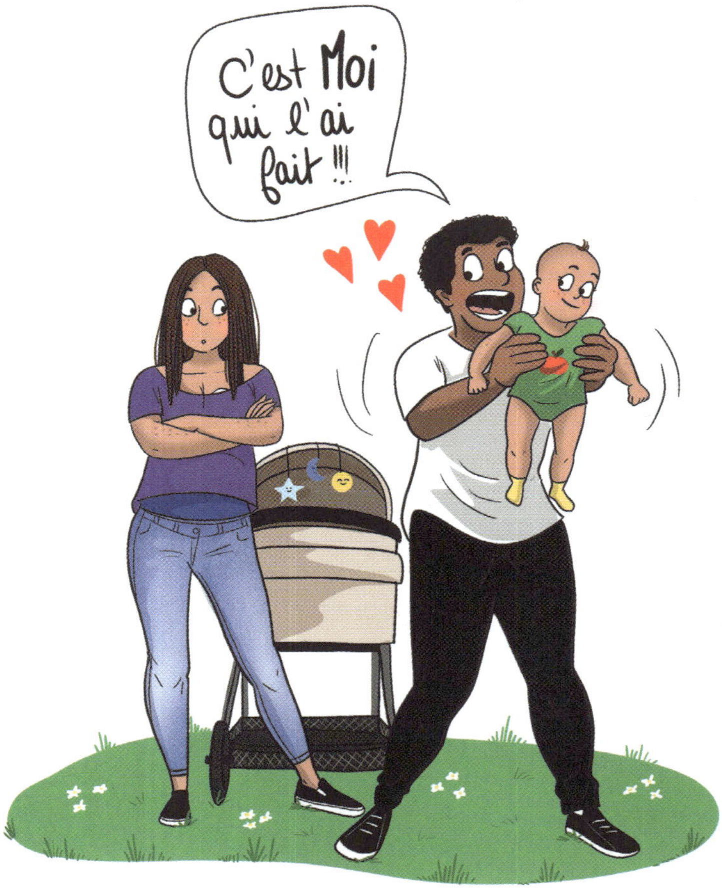
C'est Moi qui l'ai fait !!!

TA FIERTÉ EST SANS LIMITE.

Oh ! Comme elle a grandi ! Ça lui fait quel âge ?
54 mois et demi !
?
54 divisé par 12… Je retiens 2…

TU COMPTES DÉSORMAIS EN MOIS.

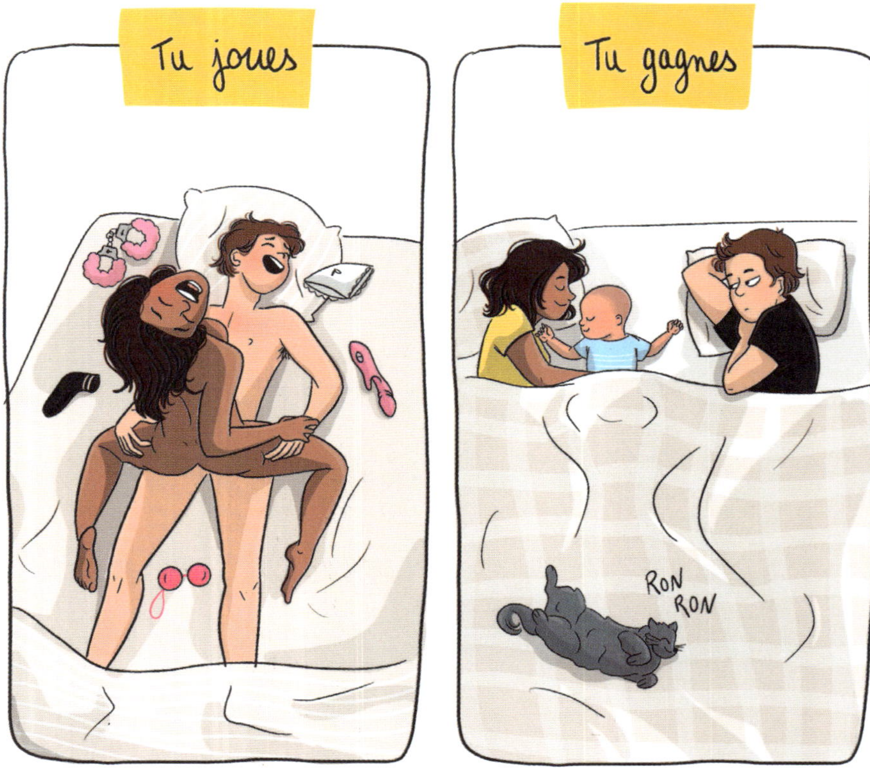
Tu joues
Tu gagnes
RON
RON

TES NUITS NE SONT PLUS LES MÊMES...

AVANT
0 fruits/légumes/j
Mmm... Trop bon !!
APRÈS
35 fruits/légumes/j
Poireaux/Pruneaux Le petit est constipé !

... TES REPAS NON PLUS.

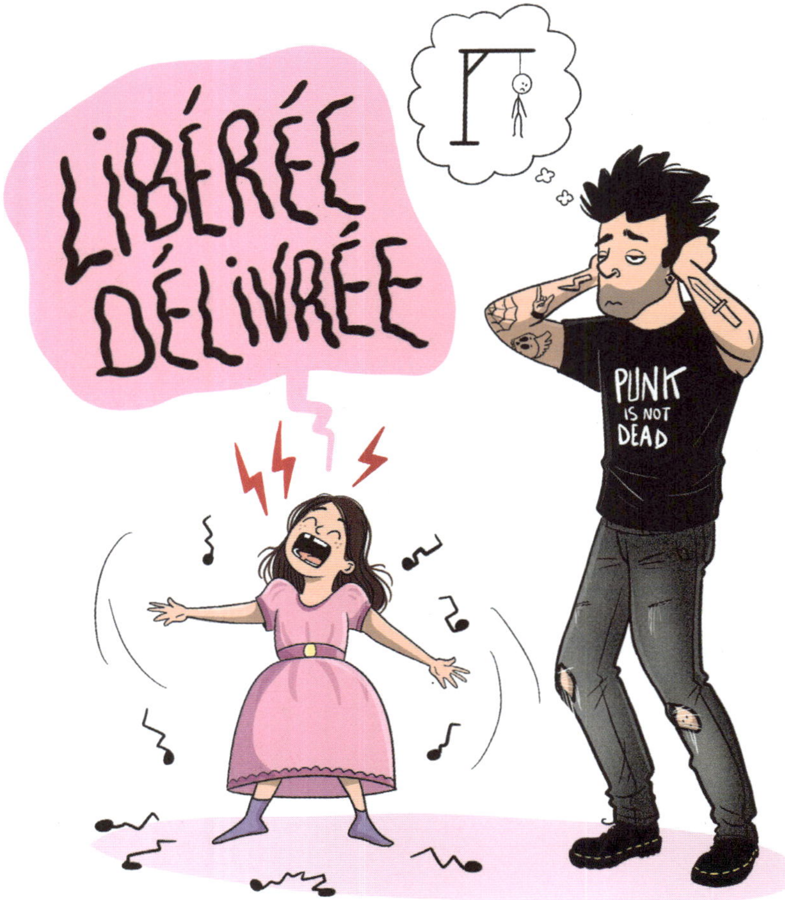
LIBÉRÉE DÉLIVRÉE
PUNK IS NOT DEAD

TA PLAYLIST A CHANGÉ.

Alors ???
Il a fait caca ??
Oui, 4 fois !
Quelle couleur ??
Dur, mou,
liquide ???

TU AS DES CONVERSATIONS QUI FONT RÊVER.

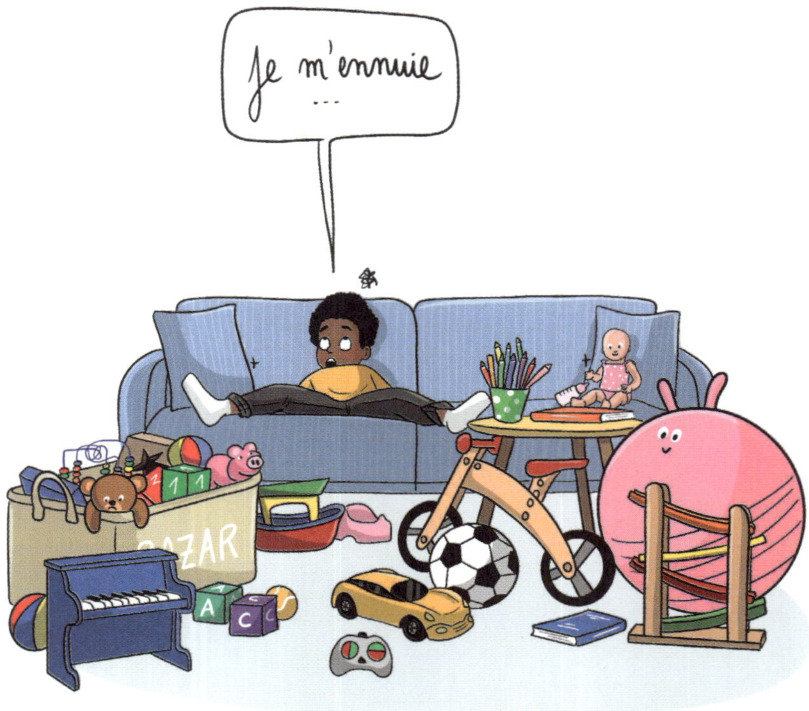
Je m'ennuie
...
BAZAR

TON SALON RESSEMBLE
À UN MAGASIN DE JOUETS.

Qu'est-ce qu'il est sympa le papa de Mia...
Je vais faire un tennis avec la maman de Yanis !

TU AS DE NOUVEAUX AMI(E)S,
MAIS TU NE CONNAIS PAS LEUR PRÉNOM.

Je suis pas lavée, pas habillée, j'ai pas mangé et j'ai même pas eu 2 minutes pour aller aux toilettes !!! Et toi là, tu prends ton temps pour rentrer du boulot ?!!
?!

TU TE SENS PARFOIS AU BOUT DU ROULEAU...

... ET L'ENTRAIDE EST RELATIVE.

Lavage de dents à 19h30, vous lui lisez 6 histoires, pas celle du loup, elle a peur ! Elle fait pipi à 20h30 et dort à 20h32, avec sa tétine et ses 12 doudous. Si elle ne dort pas, c'est qu'elle a besoin d'un câlin d'au moins 1 heure. Il faut lui chanter blabla et blabla bla bla blaaa
??
SOS

PERSONNE NE PEUT S'OCCUPER DE TON ENFANT AUSSI BIEN QUE TOI...

MAMAN !!!
J'ai faim !
C'est quand
qu'on mange ?
Regarde
maman,
z'ai fait
caca !!!

... SAUF UN LENDEMAIN DE SOIRÉE.

BONHEUR, JOIE LIBERTÉ !!
Vive la vie sans gosses !!!

TU PROFITES À FOND DE TES (RARES) SOIRÉES ENTRE AMI(E)S.

Regarde, elle est SUPER chou depuis qu'elle a perdu ses dents de lait !
Là, c'est à la fête de l'école...
Et là ! Trop belle en tutu à son cours de danse !!!

TU PASSES TON TEMPS À PARLER DE TES ENFANTS (ALORS QUE TOUT LE MONDE S'EN FOUT).

Tu vas être TROP TROP beau mon papounet !
COOL...

TU PARTICIPES À DE NOUVELLES ACTIVITÉS.

OHLALA!!!
DÉJÀ 20h30!!!
Il faut VITE
aller au
lit!!!

IL T'ARRIVE DE MENTIR POUR ABRÉGER TES SOUFFRANCES.

PUTAIN !!
FAIT CHIER
PUTAIN !!!
Mais putain,
arrête de dire
putain devant
la petite !!!

TU DOIS CHANGER TES EXPRESSIONS.

TU COURS TOUT LE TEMPS.

TES PRIORITÉS NE SONT PLUS LES MÊMES.

Ma beauté, ma déesse grecque
Je t'aime, c'est TOI la plus belle !

TU AS CHANGÉ DE STYLE.

NON MAIS ÇA VA PAS ?!!!
Les garçons ne mettent pas de vernis !!!
Bah si... La preuve !!

TU AS PEUR DE TOMBER DANS LES STÉRÉOTYPES DE GENRE.

Allez quoi !! Viens faire un bisou à Tata !!
Il ne veut pas, n'insiste pas !!!
Tu ne voudrais pas lui apprendre que c'est ok d'embrasser sans avoir le consentement de l'autre ??!?

TU ÉDUQUES TES ENFANTS APRÈS METOO.

On a finalement mis Tom dans le privé. Avec un taux de réussite de 100% au bac, il aura un brillant avenir !!!
Moi, je laisse Léa dans le public. Ce n'est pas à nos enfants de changer d'école. C'est l'école qui doit changer !

TU AS PEUR DE FAIRE LES MAUVAIS CHOIX.

MAMAN !!!
T'as eu 20/20 à mon devoir de maths !!
20/20 TB !

TU SAIS CE QU'EST UNE HYPOTÉNUSE.

T'as fait tes devoirs ?
Va ranger ta chambre !
Lâche ton téléphone !!
Et dépêche-toi !!! On va être en retard !!!
Regarde-moi quand je te parle !

TU RÉPÈTES TOUJOURS LA MÊME CHOSE.

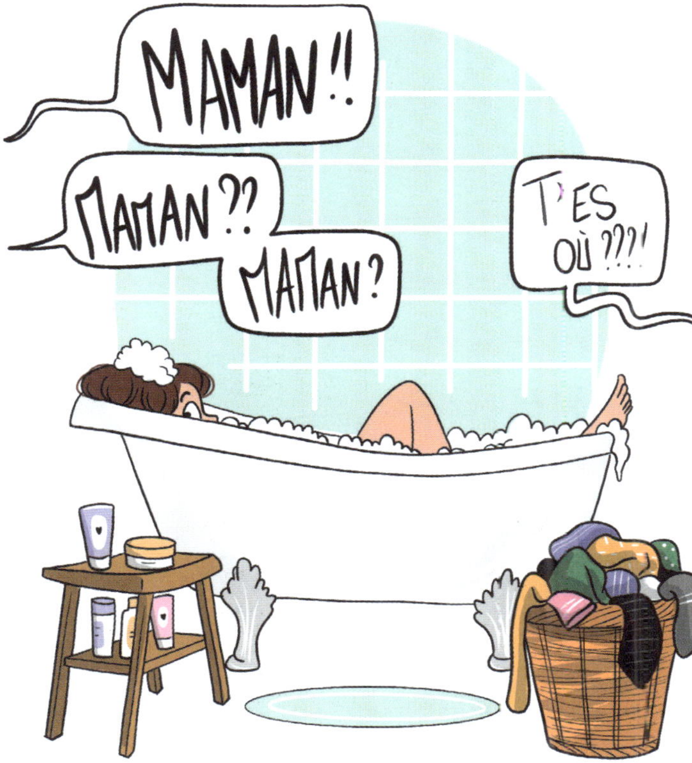
MAMAN !!
MAMAN ??
MAMAN ?
T'ES OÙ ???!

TU ENTENDS TOUJOURS LA MÊME CHOSE.

On n'a jamais eu de problèmes avec ton frère. Tu devrais prendre exemple sur lui !
BUREAU DU DIRECTEUR

ON COMPARE TES ENFANTS…

... ALORS QUE L'ÉGALITÉ EST DE MISE !

CE QUE JE DIS
Quand j'avais ton âge, j'adorais me balader et prendre un bon bol d'air !!!
LA VÉRITÉ
DEHORS !
JE VEUX PAAAAS !!! En plus, y a le Club Dorothée !!!

TU ES UN(E) GROS(SE) MYTHO.

NO PANIC !!!
J'ai pensé à TOUT !!!
Tu préfères quoi ?
Serviette lavable/jetable, tampon, cup, culotte de règles ???
Rien de tout ça... je vais faire le flux instinctif libre !
??

TU ES PARFOIS UN PEU DÉPASSÉ(E).

Je pars vivre chez maman, c'est trop nul ici !!!

PARFOIS, TES ENFANTS TE BRISENT LE CŒUR.

Je me suis fâchée avec papa, je vais passer le week-end ici ! Ça te gêne pas, n'est-ce pas ?!

TU DOIS SOUVENT CHANGER TES PLANS.

VA DANS TA CHAMBRE !
Cool !
EAT - SLEEP - GAME - REPEAT*

TU MAÎTRISES LA PUNITION.

* manger - dormir - jouer - répéter

Ce que je dis
Pas d'écran avant de dormir !!
Ce que je fais
SCROLL
SCROLL
02:31

TU N'ES PAS TOUJOURS CRÉDIBLE.

TU TE RETROUVES DANS DES SITUATIONS POUR LE MOINS INSOLITES.

Trop petit !
IMPOSSIBLE !!! Hier tu chaussais du 24 !!!
T. 43

TU NE VOIS PAS LE TEMPS PASSER.

Tu mets une brassière! Hors de question que tu ailles à l'école comme ça !!!
T'es sérieux ?!?
EMC

TES DÉCISIONS N'ONT PARFOIS AUCUN SENS.

Tu sais que t'es pas obligée de faire tout ça ??!
FREE
RÉPULSIF CHEVEUX BLANCS
Cire 100% douleur

TES ENFANTS TE DONNENT DES CONSEILS.

12:03
Bébé
Ça se passe bien la colo? J'espère que tu t'amuses, que tu t'es fait plein de copains! Ici, c'est calme. Je pense beaucoup à toi! Tu me manques!
ok.
ESSUI CHAGRIN
STOP LARMES

TES ENFANTS NE TE RACONTENT PLUS GRAND-CHOSE.

T'avais pas promis d'arrêter ??
Fais ce que je dis mais pas ce que je fais hein ?!!

TU FAIS DES PROMESSES VAINES.

Je te dis que j'ai chaud !
Si j'ai froid, c'est qu'il fait froid ! Ferme ta veste ou tu vas choper la mort !

TU ES TOUJOURS INQUIET(E).

C'est bon là, je crois qu'on a tout !
Je sais pas, j'ai un doute.
XYZ - S9

TU AS TOUJOURS PEUR D'OUBLIER UN TRUC.

Je t'ai dit JAMAIS le mercredi !!!

TU NE MAÎTRISES PLUS TON EMPLOI DU TEMPS.

C'est EXCEPTIONNEL !!!
Je vous préviens, je ne veux RIEN VOIR et RIEN ENTENDRE !!
Et vous vous P.R.O.T.É.G.E.Z !!!

TU IMPOSES TES LIMITES
(TOUT EN RESTANT COOL).

TU NE PEUX PAS TE PASSER DE TES PARENTS...

Elle est tellement mignonne !!

... MÊME S'ILS N'ÉCOUTENT JAMAIS TES CONSIGNES.

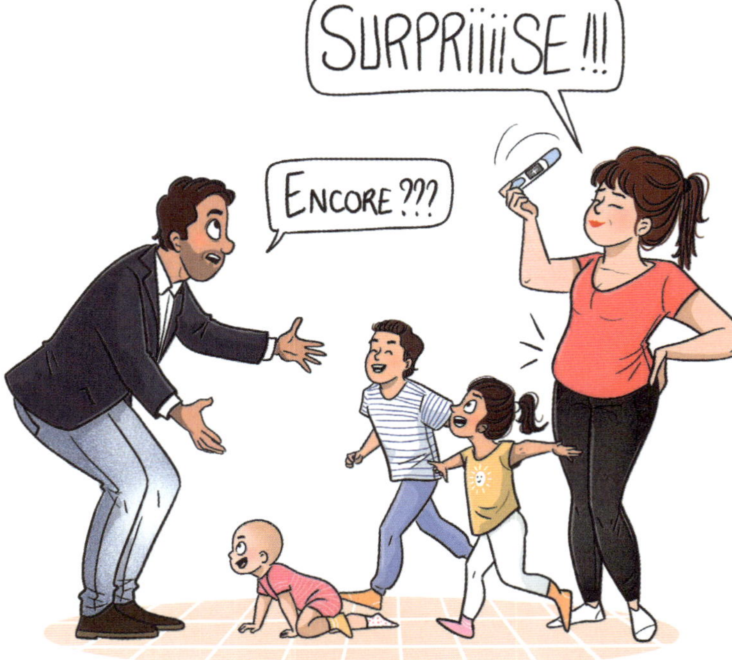
ENCORE ???
SURPRIIIISE !!!

TU ADORES TES ENFANTS...

Que puis-je
faire pour vous ?
Vasectomie

... MAIS TU N'EN VEUX PAS UN DE PLUS.

Qu'est-ce qu'on va faire maintenant ?

TU SAIS QUE TES ENFANTS FINIRONT PAR PARTIR...

... ET PAR REVENIR.

DANS LA MÊME COLLECTION

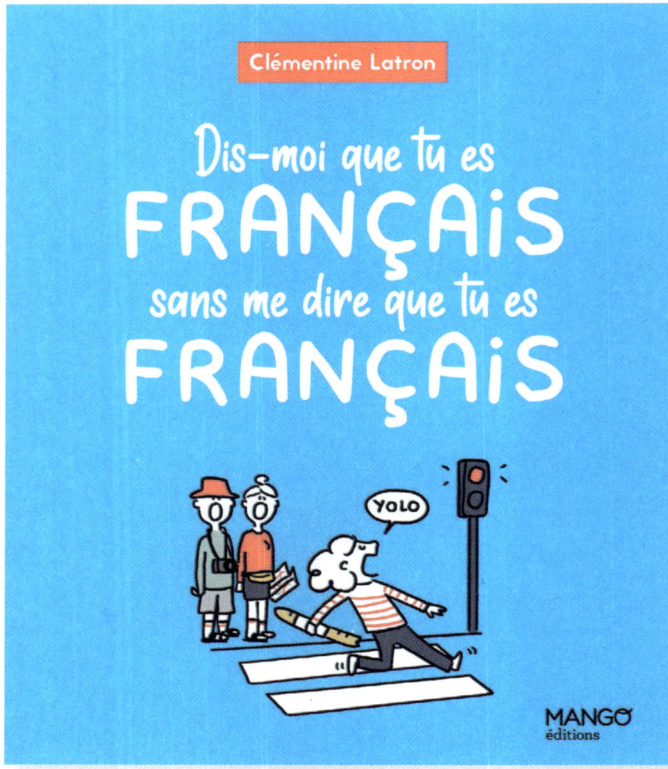
Clémentine Latron
Dis-moi que tu es
FRANÇAIS
sans me dire que tu es
FRANÇAIS
YOLO
MANGO
éditions

Direction : Guillaume Pô
Direction éditoriale : Tatiana Delesalle
Édition : Ophélie Candille
Relecture sur épreuves : Emeline Plessier
Direction artistique et couverture : Chloé Eve et Elise Goudelin
Mise en pages : Vincent Fraboulet
Direction de fabrication : Thierry Dubus
Suivi de fabrication : Julia Mirenda

Numéro d'édition : 24L0860
ISBN : 9782317034466
Code MDS : MN34466
Achevé d'imprimer en août 2024 par Sepec ZI, Rue des Potiers, 76440 Forges-les-Eaux.

Certifié PEFC
Ce produit est issu de forêts gérées durablement, de sources recyclées et contrôlées
PEFC 10-31-4013
www.pefc-france.org

Ce livre s'inscrit dans une démarche écoresponsable. Il est composé de matériaux issus de forêts bien gérées, certifiées PEFC et d'autres sources contrôlées. Cette certification garantit une empreinte carbone réduite et une gestion raisonnée de la forêt, qui maintient la biodiversité et protège les écosystèmes. Il est imprimé avec des encres à base d'huile végétale. Il a été imaginé, conçu et imprimé en France.